HISTOIRE POPULAIRE

DE LA

CAMPAGNE DE 1870

TOULOUSE, IMPRIMERIE J.-M. BAYLAC, RUE DE LA POMME, 34.

HISTOIRE POPULAIRE

DE LA

CAMPAGNE DE 1870

PAR

M. C. DE LA BARTHE

TOULOUSE

J.-M. BAYLAC, ÉDITEUR

34, RUE DE LA POMME, 34

—

1871

CONDITIONS DE LA SOUSCRIPTION

L'Histoire populaire de la campagne de 1870 comprendra 100 livraisons au moins, paraissant chaque semaine.

Chaque livraison sera illustrée d'une ou de plusieurs vignettes, — mais provisoirement, en attendant le rétablissement des communications avec Paris, les livraisons ne seront point illustrées. — Il est en effet impossible actuellement, en province, de pouvoir se procurer des dessins convenables.

On peut souscrire à la série des 20 premières livraisons, dont un exemplaire sera envoyé franco chaque semaine, en envoyant 12 timbres-poste de 20 c. par lettre affranchie.

On peut encore envoyer un timbre-poste de 20 c. par lettre affranchie pour les deux premières livraisons.

AVANT - PROPOS

L'Histoire de France a consacré dans ses annales le souvenir de quelques années néfastes, mais aucune, certainement, n'a fourni et ne fournira aux historiens de plus lugubres sujets d'étude que l'année 1870.

Nous laissons à des plumes mieux autorisées la tâche de commenter ces drames sanglants, de stigmatiser les promoteurs de ces hécatombes humaines, froidement résolues par les mesquines passions issues d'ambitions personnelles.

Plus humble est notre rôle.

Raconter sans prétention, comme sans parti pris, les événements qui se sont succédé en France depuis la déclaration de la guerre jusqu'à la conclusion de la paix, tel est notre but.

Les matériaux, pour un pareil travail, ne nous feront point défaut ; au contraire, nous n'aurons que l'embarras du choix.

Bien qu'un exposé de la campagne de 1870, rédigé simplement d'après la coordination des documents officiels pût présenter par lui-même un intérêt malheureusement trop dramatique, nous ne nous astreindrons pas à une narration sèche et décolorée.

Grâce à de nombreuses communications particulières, il nous sera possible, d'intercaler, en leur lieu, des épisodes émouvants, des traits héroïques qui donneront à notre récit tout l'intérêt d'un roman.

C'est d'ailleurs avec une entière confiance, sans crainte comme sans présomption, que nous soumettons notre œuvre modeste à l'appréciation des lecteurs.

Aux cœurs pusillanimes, aux esprits étroits, aux incrédules timorés qui ont pu, un seul moment, douter des destinées de notre patrie, nous recommandons la méditation sérieuse des lignes suivantes de J. de Maistre.

Ces considérations patriotiques, aussi exactes qu'éloquentes, nous tiendront lieu d'introduction.

Et nos lecteurs n'y perdront rien, au contraire.

LA FRANCE

« Parmi les peuples qui ont joué un rôle dans l'histoire moderne, aucun peut-être n'est plus digne d'arrêter l'œil du philosophe que le peuple français. Aucun n'a reçu une destination plus marquée et des qualités plus évidemment faites pour la remplir.

Je doute que la nature ait fait autant pour aucun peuple. La France est placée au centre de l'Europe et il lui est également aisé de se lier avec toutes les puissances environnantes et de rompre leur coalition. Placée entre les deux mers, elle appelle le commerce de toutes les nations, et ses flottes guerrières peuvent atteindre et frapper partout avec une facilité et une célérité sans égales. Il n'existe point de pays aussi bien défendu par la nature et par l'art. L'Océan, la Méditerranée, les Alpes, les Pyrénées et le Rhin !

Cherchez dans l'univers un État dont les différentes parties aient une liaison aussi intime et forment un ensemble plus imposant. La France a tout à la fois la masse et le volume ; il n'existe point en Europe de corps politique plus nombreux, plus *compact*, plus difficile à entamer et dont le choc soit plus terrible. Sa population est immense, ses productions infiniment nombreuses et non moins diversifiées. Ses richesses ne tiennent ni à la mode ni à l'opinion ; ses vins, ses huiles, ses bois, ses sels, ses chanvres, etc., la rendent indépendante des autres peuples qui cependant sont obligés de lui payer tribut. Et comme si n'était pas assez de richesses naturelles, elle a reçu encore le sceptre de la mode, afin que, régnant également sur les besoins et sur les fantaisies, il ne manque rien à son empire.

Des fleuves superbes sillonnent ce vaste royaume et communiquent entre eux par une foule de rivières navigables qui coulent dans tous les sens et dont les ramifications infinies semblent arrangées par la main d'un ingénieur. Catherine de Médicis n'exagérait pas beaucoup lorsqu'elle disait que la France possédait à elle seule autant de rivières navigables que tout le reste de l'Europe.

Ce peuple serait terrible pour les autres s'il pouvait être conquérant; mais il n'a point reçu cette mission. Invincible dans ses foyers, s'il porte ses armes chez les nations étrangères, on voit ses armées, victimes de leurs propres victoires et des vices du caractère national, se fondre et disparaître à l'œil étonné, comme une vapeur légère.

Le Français n'est pas fait pour retenir une conquête : son caractère seul la lui arrache, sur quoi l'*Ami des hommes* a dit assez plaisamment que « les guerriers qui parviennent à chasser les » Français d'un pays conquis peuvent prendre » place au temple de mémoire à côté des oies du » Capitole (1). »

Mais si les Français ne peuvent dominer par les armes les nations étrangères, ils ont exercé sur elles dans tous les temps une autre espèce de domination bien plus honorable, c'est celle de l'opinion. Du moment où ce peuple fut réuni en corps de nation, il fixa les yeux de l'univers, et l'étonna par un caractère brillant qui fut toujours envié. Charlemagne fut le Sésostris du moyen-âge; ses paladins firent une telle impression sur l'imagination des peuples qu'ils devinrent les objets d'une espèce de mythologie particulière; et les Rolands et les Amadis furent pour nos pères ce que Thésée et Hercule furent pour les anciens Grecs.

Pour exercer l'espèce de suprématie qui lui appartient, la France a reçu une langue dominatrice dont le caractère caché est encore un mystère, malgré tout ce qu'on a dit sur ce sujet. Ceux qui nient la supériorité de la langue française, admettent précisément un effet sans cause; je ne vois pas, en effet, qu'il y ait rien à répondre à l'expérience. Avant même que cette langue se fût illustrée par des chefs-d'œuvre dans tous les genres, l'Europe en pressentait la supériorité : on l'aimait, et c'était un honneur de la parler. On a dit mille fois que la langue française est dure et rebelle, et l'on a dit vrai; mais si l'on croit ainsi en faire la critique, on se trompe fort : semblable à l'acier, le plus intraitable des métaux, mais celui de tous qui reçoit le plus beau poli lorsque l'art est parvenu à le dompter, la langue française, traitée et dominée par les véritables artistes, reçoit entre les mains les formes les plus durables et les plus brillantes. Ce qu'on appelle précisément l'art de la parole est émi-

(1) *Ami des hommes*, Tom. II chap....

nemment le talent des Français, et c'est par l'art de la parole qu'on règne sur tous les hommes. Quelqu'un a dit qu'une pensée n'appartient jamais à l'univers avant qu'un écrivain de génie s'en soit emparé et l'ait revêtue d'une expression heureuse. Rien de mieux dit; et voilà précisément la source de l'influence française : c'est que les écrivains de cette nation expriment les choses mieux que ceux de toute autre nation, et font circuler leurs pensées dans toute l'Europe en moins de temps qu'il n'en faut à un écrivain d'un autre pays pour faire connaître les siennes dans sa province. C'est ce talent, cette qualité distinctive, ce don extraordinaire qui avait rendu les Français les distributeurs de la renommée. L'amour-propre, plus habile et plus fort que l'orgueil national, avait révélé cette vérité aux hommes célèbres de toutes les parties du monde qui ambitionnaient tous, plus ou moins ouvertement l'approbation des Français, parce qu'ils ne pouvaient se cacher qu'ils étaient condamnés à une réputation locale jusqu'au moment où Paris consentirait à les célébrer. Je ne sais si l'on a observé que la littérature anglaise doit toute sa célébrité aux Français, et qu'elle était parfaitement inconnue au reste de l'Europe avant que la France se fût engouée des productions littéraires de sa rivale. Le siège de cette langue se trouvant placé entre le Nord et le Midi, elle se prête sans trop de difficulté aux organes des autres peuples et devient pour eux un truchement universel et indispensable pour le commerce des pensées.

Avec cette langue *moyenne*, les Français ont reçu de la nature un autre avantage analogue : c'est celui d'un goût qui convient à tout l'univers. On trouvera sans doute chez les écrivains étrangers des traits égaux, supérieurs même en beauté, à tout ce que la France a produit de mieux; mais ce n'est pas par des traits, c'est par l'ensemble qu'on frappe. Les écrivains français pourraient au reste produire très aisément de ces sortes de traits; et si on les rencontre moins fréquemment chez eux, c'est qu'ils ne se livrent à l'enthousiasme qu'avec une hardiesse timide qui veut bien être transportée, mais jamais emportée : c'est là le grand secret du goût; car ce qui n'atteint pas le sublime peut encore être une beauté, mais ce qui le dépasse est à coup sûr une sottise. L'art de dire ce qu'il faut et quand il faut, n'appartient qu'aux Français; la méthode et l'ordonnance sont leurs qualités distinctives; et ces hommes si légers, si impétueux, si pressés d'arriver, sont les plus sages la plume à la main. Chez eux vous ne trouverez rien de dur ni d'outré, rien d'obscur ni de déplacé. Constamment élégants et éloquents quand il le faut, le trait le plus saillant ne saurait obtenir grâce pour une platitude, et le mérite des pensées ne peut racheter le défaut du style. *Il écrit mal :* voilà la faute irrémissible, le reproche mortel pour le philosophe, comme pour le poète et le romancier. On a blâmé quelquefois cette délicatesse des Français, mais c'est encore une erreur : cette délicatesse devait entrer dans le caractère de la nation faite pour régner sur l'opinion par ses écrits.

Dans tous les genres d'éloquence les Français n'ont point de rivaux. Celle du barreau qui a produit chez eux des chefs-d'œuvre du premier ordre, n'existe pas ailleurs. L'Italie et l'Espagne, si religieuses, et maîtresses de deux langues si sonores, n'ont jamais pu enfanter un sermon que l'Europe ait voulu lire. Hume, qu'on ne peut récuser, dit, quelque part, qu'il a honte d'avouer qu'un avocat français plaidant pour la restitution d'un cheval est plus éloquent que les orateurs de la Grande-Bretagne agitant les plus graves intérêts de la nation dans les Chambres du Parlement. Le talent inappréciable dont je parle est si particulièrement l'apanage des Français qu'il ne les abandonne jamais, pas même dans les occasions où il abandonne tous les autres hommes. Les sciences les plus tristes n'ont point d'épines qu'ils ne sachent élaguer : physique, histoire naturelle, astronomie, métaphysique, érudition. politique, ils ont tout expliqué, tout embelli, tout mis à la portée du bon sens ordinaire ; et peut-être qu'on ne sait bien une chose en Europe que lorsque les Français l'ont expliquée. L'éloquence appliquée aux objets les plus sérieux et l'art de tout éclaircir sont les deux grands talents de cette nation. La masse des hommes continuellement repoussée du sanctuaire des sciences par le style dur et le goût détestable des ouvrages scientifiques produits par les autres nations, ne résiste pas à la séduction du style et de la méthode française. A peine le génie étranger a-t-il enfanté quelque chose d'intéressant, que l'art français s'empare de la découverte, la tourmente de mille manières, la force de recevoir des formes dont elle s'étonne et s'énorgueillit, et l'envoie dans tout l'univers sur les ailes de la langue universelle ; ces livres vont chercher les germes du talent, épars sur le globe, les échauffent, les fécondent et les conduisent à la maturité. Ils apprennent peu de choses aux véritables savants ; mais, ce qui vaut bien mieux, ils les font naître.

L'expérience de tous les temps ne laisse aucun doute sur l'empire que la France a toujours exercé sur l'opinion. »

J.´ DE MAISTRE.

(*Œuvres inédites.*)

Une nation appelée, comme le démontre l'illustre auteur des considérations qui précèdent, à civiliser le monde entier, par sa langue et son influence morale, ne peut jamais périr.

Un grand poète anglais a eu raison d'écrire :

La France , c'est le bras droit de la Providence.

T. C. DE LA BARTHE.

PRÉLIMINAIRES

I

Les causes et l'occasion de la guerre actuelle.

Comme j'allais fermer ces pages inflexibles,
Sur les trônes croulants, perdus par leur sauveur,
La guerre s'est dressée, et j'ai vu, moi rêveur,
Passer dans un éclair sa face, aux yeux terribles
(V. Hugo. — *Châtiments*.)

I

Pour la grande majorité des lecteurs, les aperçus philosophiques, les hautes considérations historiques ne sont rien moins qu'attrayantes.

Cette répulsion, il faut l'avouer d'ailleurs, n'est, que trop souvent, fondée.

C'est pourquoi nous avons l'intention fermement arrêtée de dégager de tout commentaire de ce genre l'exposé de la campagne de 1870.

Nous ne pouvons cependant nous empêcher, avant d'entrer en matière, d'indiquer sommairement les causes réelles et occasionnelles de la guerre actuelle, une des plus néfastes qui aient ensanglanté l'Europe.

Depuis Henri IV, tous les grands ministres français, vraiment dignes de ce nom, le cardinal de Richelieu surtout, ont pris pour base essentielle de leur politique extérieure le maintien de l'équilibre européen.

La plupart des guerres soutenues par la France contre l'Allemagne n'ont pas eu d'autre origine.

L'équilibre européen, c'est-à-dire la pondération des diverses puissances qui constituent l'Europe dans des proportions basées autant sur des conventions diplomatiques que sur des circonscriptions géographiques, a été de tout temps, et à juste titre, considéré par nos hommes d'Etat les plus éminents, comme nécessaire à la paix générale.

Les traités qui garantissent cet équilibre n'ont jamais été impunément violés.

Après les campagnes du premier Empire, qui, pendant quelques années, firent de l'Europe l'humble vassale de la France, l'équilibre européen violemment rompu fut rétabli par les traités de 1815.

Ce qui mérite de fixer notre attention, c'est que jusqu'en 1793, la France a été toujours considérée comme la gardienne vigilante de l'équilibre européen.

En 1815, malgré notre épuisement, et bien que les clauses du traité nous fussent imposées par la force, les puissances étrangères reconnurent que « l'intégrité territoriale de la France était d'une nécessité absolue pour le maintien de la paix européenne. »

Le gouvernement personnel du second Empire, malgré les protestations énergiques et patriotiques de M. Thiers, a crû pouvoir rompre en visière avec la sage politique séculaire de la France.

Au principe d'équilibre européen, Bonaparte a substitué *le principe des nationalités*, qui comme conséquence a permis à la Prusse de décupler sa puissance en moins de dix ans.

Sur le second Empire doit donc retomber la plus large part de responsabilité des évenements actuels, comme le prouve surabondamment l'histoire du règne de Napoléon le *Sédantaire*.

Sous ce régime d'abjection, d'abaissement et d'agiotage, un seul ministre conserva assez d'intelligence et de patriotisme pour refuser de souscrire aux idées du maître.

Ce fut M. Drouyn de Lhuis.

Et l'on n'ignore pas que M. Drouyn de Lhuis dût résigner le ministère des affaires étrangères en présence de l'aveuglement intéressé de l'Empereur pour les faits et gestes de la Prusse incarnée en M. de Bismark,

Nous ne saurions mieux faire ressortir le danger du système des nationalités (une des idées napoléoniennes), nous ne pourrions plus nettement dénoncer les visées ambitieuses et absorbantes de la Prusse, qu'en citant la note confidentielle, que M. Drouyn de Lhuis fit parvenir à l'Empereur en abandonnant le fauteuil ministériel (1) :

Paris, 8 août 1866.

« La politique de la France est guidée par un désir manifeste de maintenir avec la Prusse des relations amicales. Pour que la continuation de cette politique soit possible, pour que le gouvernement impérial puisse la faire accepter par l'opinion publique, il faut que l'alliance des deux nations repose sur la situation réciproque n'impliquant pour aucune d'elles ni préjudice ni menace. Or, il serait inutile de dissimuler que les transfor-

(1) Cette note qui fait le plus grand honneur à l'ancien ministre des affaires étrangères, a été trouvée parmi les papiers des Tuileries, dont la publication a déjà dévoilé tant de bassesses et de turpitudes.

mations qui s'accomplissent en Allemagne modifient sensiblement l'équilibre des forces dans lequel la France a trouvé depuis 1815 sa seule sécurité.

» C'est donc un devoir pour l'empereur Napoléon de rechercher d'autres garanties, et ce n'est qu'à la condition de se mettre d'accord sur ce point avec la cour de Berlin qu'il pourra donner à ses bons rapports avec elle un caractère vraiment durable. Le cabinet des Tuileries n'est point poussé par l'ambition d'englober sous ses lois des territoires situés en dehors des limites de la France, et encore moins des populations de nationalité étrangère : ses déclarations réitérées, son attitude invariable dans les complications européennes, le mettent à l'abri de soupçons de ce genre. Si donc il était amené à demander aujourd'hui une extension de frontières pour la France, il n'y serait contraint que par l'impérieuse nécessité de veiller à la défense nationale.

» En effet, devant les agrandissements que va bientôt recevoir la Prusse et qui résultent pour elle, non seulement d'annexions territoriales considérables, mais encore d'une organisation politique qui la rendra l'arbitre toute puissante de l'Allemagne, on reconnaîtra que la sécurité du territoire de la France serait gravement compromise, et le gouvernement impérial serait autorisé à réclamer des positions équivalentes.

» Cependant une combinaison différente se présente à l'esprit, qui, sans soulever les mêmes objections, atteindrait le même but.

» Ce qu'il faut à la France, c'est une protection sur ses frontières ; car il lui sera plus aisé d'entretenir avec ses voisins les relations cordiales qu'elle s'attache à conserver, lorsqu'elle n'aura rien à craindre de leur prépondérance. Le meilleur moyen d'assurer ce résultat ne consisterait-il pas dans l'interposition d'un Etat neutre qui, comprenant les pays allemands situés sur la rive gauche du Rhin, supprimerait à la fois tout contact et toute cause de rivalité entre la France et la Prusse ?

» La formation d'un tel Etat, en reculant un voisinage facilement redoutable, permettrait à la France de renoncer aux revendications territoriales et de rester dans une ligne de conduite plus conforme aux principes comme aux inclinations de son gouvernement. L'Europe verrait avec satisfaction les occasions d'un conflit entre deux grands peuples définitivement éloignés, grâce à un établissement conçu dans l'esprit même qui a présidé à l'organisation de la Suisse moderne et de la Belgique.

» Le nouvel Etat trouverait dans l'homogénéité des populations de la Prusse, de la Hesse et de la Bavière rhénane, dans l'unité du territoire, dans le nombre et la richesse des habitants, d'excellentes conditions de vitalité, tandis que la neutralité perpétuelle, garantie par les puissances limitrophes, le mettrait à l'abri de tout danger extérieur.

» La Prusse pourrait, sans démentir les principes qui font sa force, admettre l'existence autonome d'un Etat purement germanique, séparé politiquement de l'Allemagne nouvelle qu'elle veut créer, mais restant en communication intellectuelle avec ce grand pays. Les acquisitions qu'elle se prépare à faire dans les pays occupés par ses armes offrent des compensations matérielles qui couvriraient amplement le sacrifice territorial auquel elle se prêterait, et l'accroissement de sa puissance compacte lui permettrait de souscrire sans détriment à un pareil échange.

» En résumé, la combinaison dont il s'agit, honorable pour toutes les parties, compatible avec les principes des deux cours alliées, basée sur des précédents que la prudence des cabinets de l'Europe a établis et qui ont reçu la sanction du temps, présente la sauvegarde la plus efficace des intérêts mutuels de la France et de l'Allemagne. Si le cabinet de Berlin tient sincèrement à l'amitié du gouvernement français, il doit éviter d'asseoir dans des positions offensives la formidable puissance militaire dont il va disposer, et dont l'extension sur les frontières même de la France, telles que les traités de 1815 les ont faites, serait une menace permanente. La nation française, provoquée par le sentiment de sa propre conservation, réagirait bientôt avec une force irrésistible contre ce danger, et la sagesse des gouvernements serait impuissante à modérer les passions rivales qui pousseraient l'une contre l'autre deux grandes nations.

» Ce système répond donc aux nécessités des deux pays ; il exclut les accroissements de force offensive compromettants pour l'une et pour l'autre, et il élève entre eux un rempart qui écarte à jamais toute menace pour l'un d'eux, tout péril pour leur alliance. »

DROUYN DE LHUYS.

Ce n'est point ici le lieu de discuter l'opportunité et la valeur de la combinaison proposée par M. Drouyn-de-Lhuis. Il suffit de faire observer qu'elle était dictée par la politique traditionelle de la France.

Le ministre comprenait toute l'importance de l'équilibre européen; voyant cet équilibre menacé par les empiétements incessants de la Prusse, il cherha à découvrir les moyens de le maintenir sur de solides bases, sans froisser la susceptibilité d'aucune grande puissance.

Mais la *sagesse* et le *génie* napoléoniens dédaignèrent de marcher sur les traces de Henri IV et de Richelieu.

La politique d'équilibre fut sacrifiée à la théorie des nationalités.

Les flatteries et les intrigues de M. de Bismark l'emportèrent sur l'intérêt national auprès de celui qui se disait « SEUL CHARGÉ DE CONDUIRE LES DESTINÉES DE LA FRANCE » (1).

Et la Prusse, en toute sécurité, se prit à opérer sans relâche annexions sur annexions.

II

Pendant son séjour à Paris, comme représentant du roi Guillaume, M. de Bismark ne manqua point de rechercher, avec la perspicacité et la ténacité qui le caractérisent, les voies et moyens d'arrondir le maigre patrimoine des Hohenzollern et d'abaisser la France que tout bon prussien doit cordialement détester.

Il commença d'abord par étudier avec soin l'empereur, en réalité maître absolu de la France, grâce aux candidatures officielles qui peuplaient la Chambre de ses créatures dévouées, grâce à l'inertie d'un sénat caduc.

Il comprit bientôt qu'il lui serait facile de leurrer par quelques grossiers appâts,

« Un prince de hasard plus fangeux que les rues. »

qui fit, selon l'expression pittoresque du poète de Jersey :

« Grimper à son perchoir l'aigle de Mondovi. »

Aussi lorsque le roi Guillaume appela son ambassadeur de Paris pour prendre la direction des affaires de l'Allemagne, l'astucieux M. de Bismark s'empressa-t-il de mettre à profit ses études personnelles.

On n'a pas encore oublié son voyage à Biarritz pendant l'automne de 1865.

Le premier ministre de Berlin vint proposer une alliance franco-prussienne dont voici le but apparent.

La Prusse déclarerait la guerre à l'Autriche dont l'influence, au sein de la diète germanique, gênait singulièrement les aspirations absorbantes de la Prusse.

Quant à la France, sans prendre une part active à la guerre dès le début, elle devait s'engager à envoyer une armée considérable au-delà de ses frontières de l'Est.

Ainsi, ajoutait M. de Bismark, nous tiendrons l'Europe en échec et il nous sera loisible de prendre les provinces à notre convenance.

(1) Propres expressions de l'homme du 2 décembre dans une conversation avec l'archichancelier du Nord.

À la Prusse reviendront les districts allemands du royaume du Habsbourg ; à la France, la Belgique et le Luxembourg, et même quelques bribes de territoire allemand sur la rive gauche du Rhin, comme compensation aux annexions de la Hollande et du Danemark (1).

Les intimes des Tuileries, malgré la taciturnité proverbiale du maître, avaient surpris pendant ses rares moments d'expension, l'expression d'une haine sourde contre la maison d'Autriche (2).

Si quelque lecteur trop curieux veut connaître les causes de cette haine *à la Corse*, il n'a qu'à feuilleter les mémoires secrets relatifs aux mariages avortés du prince Louis-Napoléon.

Les chroniques scandaleuses ajoutent certains motifs, qu'un écrivain qui se respecte ne peut décemment dévoiler ; ce qui n'empêche point que ces motifs ne puissent être parfaitement fondés.

M. de Bismark, maître passé, comme il ne nous l'a que trop prouvé, en l'art de faire pénétrer partout ses espions avait, aux Tuileries, plusieurs confidents intimes. Aussi connaissait-il jusqu'aux plus secrètes pensées de l'empereur.

Comment Bonaparte eût-il pu croire qu'une sémillante duchesse, aussi spirituelle que belle, aussi agaçante que peu sévère, ne déployait tant de charmes pour le séduire que sur les ordres de l'ambassadeur prussien.

(1) À ce sujet l'auteur de la brochure *Guerre actuelle*, étude politique des plus intéressantes et des mieux renseignées, s'exprime ainsi :

« Nous n'avons pas la prétention de rapporter tout ce qui fut dit dans les conversations qui s'engagèrent sur cette grave ouverture, entre l'empereur des français et le ministre prussien ; mais ce que nous en savons, comme le tenant d'un de nos amis à qui M. de Bismark, en personne, avait répété ces propres expressions, c'est que celui-ci, résumant sa pensée, dit à l'empereur :

« .... En un mot, sire, nous sommes deux loups ; mangeons » du mouton chacun de notre côté ; nous compterons ensuite. »

» On ne pouvait pas mieux définir le caractère et le but de l'alliance de guerre que le ministre prussien proposait. Qu'il nous soit permis d'ajouter que ces expressions, quelque jugement qu'on ait à en porter, ne s'éloignent pas des habitudes de langage familier, pittoresque, mais parfois trivial, du personnage. »

(2) L'entrevue de Salzbourg, qui eut en Europe un si grand retentissement, loin de prouver une *intimité cordiale* entre l'empereur d'Autriche et Bonaparte, comme l'ont cru beaucoup de personnes non initiées aux secrets diplomatiques, vient confirmer cette assertion.

Les événements actuels et ceux qui sont passés depuis cette entrevue démontrent d'ailleurs suffisamment que la Prusse avait grand tort de s'effrayer des conséquences de cette *entente* entre les deux empereurs. Il n'y eut aucune stipulation, aucun traité de conclu, ce fut purement une visite d'étiquette, quoiqu'on ait pu dire et écrire.

C'était pourtant l'exacte vérité.

Cette révélation d'une haine invétérée contre la maison de Habsbourg démontre suffisamment pourquoi dans le but égoïste de satisfaire une rancune personnelle, Napoléon III oublia trop souvent que l'Autriche a été et doit être toujours l'alliée naturelle de la France.

Cette révélation explique encore pourquoi Bonaparte fut si facilement d'accord avec l'astucieux ministre du roi Guillaume, lorsque celui-ci vint lui proposer l'abaissement et le démembrement de l'Autriche.

Peu importaient l'honneur et les intérêts de la France à l'homme du 2 décembre, peu lui importait l'équilibre européen, la guerre universelle; les Habsbourg seraient humiliés, c'était là son unique désir, sa joie suprême.

Ce qui prouve irréfragablement la véracité de cette assertion, c'est qu'en réponse aux propositions de M. de Bismark, Napoléon III, refusant le concours armé de la France, n'exigea aucune garantie et s'engagea cependant à ne créer aucun obstacle aux projets ambitieux de la Prusse.

En outre, il permit à l'Italie, qui ne pouvait alors rien faire sans son consentement, de s'allier à la Prusse. On connaît assez l'importance de cette alliance, et de l'intervention armée de l'Italie, au moment de la campagne de Bohême.

Après la foudroyante victoire de Sadowa et le traité de Nikolsbourg, des panégyristes intéressés de l'empereur ont cherché par tous les moyens à atténuer sa conduite inexplicable et anti-nationale.

Il espérait, ont écrit ses amis ou plutôt ses flatteurs à gages, que les forces de l'Autriche et de la Prusse se contrebalanceraient. Il était persuadé que la guerre traînerait en longueur sans résultats définitifs et qu'elle serait également préjudiciable aux deux adversaires; leurs armées et leurs ressources s'épuiseraient réciproquement dans cette lutte.

Alors, lui, Napoléon, interviendrait et ferait accepter une paix dont il recueillerait les plus clairs avantages.

Ces raisons du lendemain ne rencontreront que des incrédules.

Quoiqu'il en soit, les victoires de la Prusse aussi rapides qu'inespérées, mirent en évidence les dangers de la politique de M. de Bismark autorisée par le cabinet des Tuileries.

Napoléon III s'empressa d'offrir sa médiation.

Pour ne point perdre un temps précieux et ne pas se créer de difficultés nouvelles le protoministre du roi Guillaume accepta cette médiation, avec assez de bonne grâce, en apparence.

Mais en réalité le traité de Nikolsbourg fut rédigé uniquement par M. de Bismark. La seule concession qu'il accorda pour la forme ce fut de diminuer l'indemnité de guerre de trente millions de florins (1).

Quant aux clauses autrement importantes des cessions territoriales et de la démission de l'Autriche d'État de la Confédération germanique, M. de Bismark n'admit aucune modification aux conditions qu'il avait dictées lui-même.

III

Les résultats de la campagne de 1866 furent immenses pour l'agrandissement de l'ancien duché de Brandebourg.

Cette campagne de trois semaines augmenta de plus d'un tiers le territoire et la population de la Prusse, et lui assura la domination sur toute l'Allemagne du Nord.

En outre elle fit cesser presque entièrement des conflits intérieurs; les démêlés de la Chambre et du Gouvernement avant la guerre menaçaient d'engendrer la guerre civile.

Cependant à la Chambre des députés de Berlin, quelques représentants courageux, que les récentes victoires n'avaient point grisés, entrevoyaient le but personnel et dynastique poursuivi par la politique de M. de Bismark.

Quelques semaines après Sadowa, à la session du mois d'août 1866, M. Jacoby, l'intrépide champion de la liberté et des droits des peuples, que l'archichancelier de la Confédération du Nord a fait récemment embastiller pour sa protestation contre l'annexion de l'Alsace et de la Lorraine, M. Jacoby s'écriait pendant la discussion de l'adresse :

« Le peuple allemand n'a jamais voulu de » l'unité par la force. Une telle unité sans liberté » est une unité d'esclaves.

» M. de Bismark a lui-même déclaré au sein » de la commission qu'avant tout il s'agissait de » fortifier la *puissance dynastique* de la Prusse. » Cela peut répondre aux intérêts particuliers » de ce pays, mais au point de vue de la liberté, » l'extension de l'état militaire prussien sur » toute l'Allemagne du Nord doit être considérée » comme un calamité. »

A ces déclarations généreuses, M. de Bismark répondait quelques jours après par le projet

(1) Il est bon de faire observer que le représentant de l'Empereur à Nikolsbourg, était M. Benedetti, dont l'insuffisance diplomatique n'a été que trop évidente, dans ces derniers temps.

Ce fut à Nikolsbourg qu'on élabora les clauses du traité connu sous le nom de traité de Prague.

d'incorporation des pays occupés par les armées prussiennes (Hanovre, Hesse grand-ducale, Nassau, Francfort, Sleswig-Holstein).

Les motifs de ces annexions sont d'ailleurs naïvement (pour ne point dire cyniquement) exprimées dans le message du roi à la Chambre des députés.

Nous ne pouvons résister au désir de citer quelques lignes de ce document, qui édifieront une fois de plus les incrédules sur la politique peu scrupuleuse de la Prusse.

« Aujourd'hui, lit-on dans le Message royal, la » nécessité politique nous contraint de ne pas » rendre à ces Etats, le pouvoir dont la marche » victorieuse de nos armées les a dépouillés.

» Les pays mentionnés, s'ils conservaient leur » indépendance, pourraient, pour peu que leurs » gouvernements fussent hostiles à la Prusse ou » même d'une amitié douteuse, préparer, en ver- » tu de leur position géographique, à la politique » ou à l'action militaire de notre Etat des difficul- » tés et des obstacles qui dépasseraient de beau- » coup leur présence et leur importance réelles.

» Ce n'est pas notre désir d'acquérir les terri- » toires; c'est dans le devoir de protéger nos » pays héréditaires contre les dangers renouve- » lés, et de donner à la réorganisation nationale » de l'Allemagne une base plus large et plus » solide, que réside pour nous *la nécessité d'unir* » *à perpétuité* à *notre monarchie* le royaume de » Hanovre, l'Electorat de Hesse, le duché de Nas- » sau et la ville libre de Francfort. »

Ce message, on le voit, n'est qu'un hypocrite et mystique paraphrase de la morale de la fable du *loup et de l'agneau :*

La raison du plus fort est toujours la meilleure.

ou pour employer la variante si célèbre inventée par M. de Bismark :

LA FORCE PRIME LE DROIT.

Le message royal se termine par des aveux vraiment naïfs, où percent l'orgueil et la rapacité du gouvernement Prussien, résolu à ne rien respecter pour arriver à ses fins.

«Nous savons bien, ajoute le bon roi Guillaume, » qu'une partie de la poupulation de ces Etats ne » partage pas avec nous la conviction de cette » nécessité (de justifier l'Allemagne). Mais nous » comptons que la participation active au déve- » loppement de la vie commune et les ménage- » ments (1) que l'on gardera pour les particulari-

(1) Ménagements!! on sait de quelle façon le général de Falkenstein et après lui le général Manteuffel ménagèrent les *particularités légitimes* de la malheureuse cité de Francfort sur le Mein.

» tés légitimes faciliteront le passage inévitable » dans la nouvelle et plus grande communauté. »

Fidèle à son vœu de *protéger ses pays hérédi- taires* et de *réorganiser l'Allemagne sur une base plus large et plus solide*, le roi Guillaume continua d'annexer par la force des armes toutes les provinces situées au delà du Mein.

En outre, comme nous l'a montré la dernière campagne; le roi de Prusse riva à son char de victoire par les traités léonins toutes les princi- pautés de l'Allemagne du Sud, en attendant de les incorporer à leur tour à l'ex-duché de Bran- debourg, toujours bien entendu dans le but louable de *protéger ses États héréditaires*.

Ainsi grâce à la politique de non intervention du cabinet des Tuileries, grâce au succès de la campagne d'Autriche, s'écroula en quelques jours la constitution de l'Allemagne (confédération germanique) garantie par les traités de 1815.

Désormais l'Europe et la France en particulier durent compter avec une puissance nouvelle, puissance essentiellement militaire, orgueilleuse, ambitieuse, sans scrupules, n'admettant d'autre droit que la force des armes.

A dater de ce moment, tous les esprits clair- voyants s'attendirent, avec raison, à voir d'un jour à l'autre éclater un conflit européen ou tout au- moins une lutte à outrance entre la France et la Prusse démesurément agrandie. Pendant que MM. de Bismark et de Moltke militarisaient l'Al- lemagne à la prussienne, pendant qu'ils opéraient activement et sans bruit de formidables prépara- tifs d'armement, que faisait la France ou plutôt le gouvernement de Napoléon III ?

II

« Les Césars sont plus fiers que les vagues marines ;
Mais Dieu dit : Je mettrai ma boucle en leurs narines,
Et dans leur bouche un mors.
Et je les plongerai, qu'on cède ou bien qu'on lutte
Eux et leurs histrions et leurs joueurs de flûte,
Dans l'ombre où sont les morts. »
V. Hugo.

I

« La France supporte plus patiemment les abus de l'autorité que les abus de la liberté, » a écrit nous ne savons plus quel penseur contempo- rain.

Lorsque le prince Louis Bonaparte et ses dignes complices résolurent froidement l'attentat de dé- cembre, ils étaient bien convaincus de l'exacti- tude de cette assertion.

Les événements vinrent malheureusement leur donner raison, et voiler leur scéleratesse.

Pendant vingt ans un violent usurpateur, en faisant habilement miroiter le *spectre rouge* aux yeux des conservateurs effrayés et timides, a pu abuser inpunément de l'autorité, il a pu enfin entraîner la France dans l'abîme effroyable où elle se débat aujourd'hui.

La France, c'est notre intime conviction, sortira régénérée de ces cruelles épreuves plus forte et plus digne. Puisse cette sanglante leçon lui avoir appris enfin à mieux connaître ses propres intérêts, surtout à mieux les contrôler, en élisant librement des délégués de son choix.

L'histoire du règne de Napoléon III peut se résumer en deux lignes : « *L'Empire n'a été qu'une honteuse exploitation de la France au profit de la dynastie usurpatrice et de ses complices.* »

Les documents secrets découverts aux Tuileries, que nous publierons en leur lieu, ont prouvé irréfragablement la complicité des plus notables personnages du second Empire avec les promoteurs des plus scandaleuses affaires industrielles et financières.

Et malheureusement ces *affamés* de décembre, pour faire entrer quelques millions de plus dans leurs escarcelles n'hésitaient point à précipiter la France dans les expéditions les plus aventureuses et les plus inutiles.

Le meilleur moyen et le plus impartial d'écrire l'histoire, c'est évidemment de reproduire les documents principaux sur lesquels sont basées les assertions du narrateur.

Nous ne manquerons jamais de nous conformer à cette méthode historique, en nous efforçant d'ailleurs de faire un choix judicieux, instructif, intéressant des pièces de conviction que nous aurons à livrer à la publicité.

Nous commencerons par la lettre suivante dans laquelle les CAUSES VRAIES de la désastreuse expédition du Mexique sont dévoilées :

Lettre de M. J.-B. Jecker, à M. Conti, chef du cabinet de l'Empereur.

Paris, 8 décembre 1869.

Monsieur,

Ne trouvez pas étrange que je m'adresse à vous de préférence, ayant à vous entretenir d'une affaire qui concerne particulièrement l'Empereur.

Vous aurez assez entendu parler de mon affaire des Bons pour la connaître un peu. Eh bien, je trouve que le gouvernement la considère avec trop d'indifférence, et que, s'il n'y fait pas attention, elle pourrait amener des suites fâcheuses pour l'Empereur.

Vous ignorez sans doute que j'avais pour associé dans cette affaire M. le duc de Morny, qui s'était engagé, moyennant 30 0/0 des bénéfices

de cette affaire, à la faire respecter et payer par le gouvernement mexicain comme elle avait été faite dès le principe. Il y a là-dessus une correspondance volumineuse d'échangée avec son agent, M. de Marpon.

En janvier 1861, on est venu me trouver de la part de ces messieurs pour traiter cette affaire.

Cet arrangement s'est fait lorsque ma maison se trouvait déjà en liquidation, de sorte que tout ce qui la regarde appartient exclusivement à celle-ci.

Aussitôt que cet arrangement fut conclu, je fus parfaitement soutenu par le gouvernement français, et sa légation au Mexique. Celui-ci avait même assuré à mes créanciers, au nom de la France, qu'ils seraient entièrement payés, et avait passé des notes très fortes au gouvernement mexicain sur l'accomplissement de mon contrat avec lui, au point que l'ultimatum de 1862 exigeait l'exécution pure et simple des décrets. Dès cette époque, j'ai été constamment exposé à la haine du parti exalté, qui m'a jeté en prison, ensuite m'a banni, me confisquant mes biens.

L'affaire en resta là jusqu'à l'occupation du Mexique par les Français. Sous l'empire de Maximilien, et aux instances du gouvernement français, on s'occupa de nouveau du règlement de mon affaire. En avril 1863, je parvins, aidé des agents français, à faire une transaction avec le gouvernement mexicain.

A la même époque, M. le duc de Morny vint à mourir, de sorte que la protection éclatante que le gouvernement m'avait accordée cessa complètement. Le ministère des finances français permit bien qu'on payât les premières traites que le gouvernement mexicain m'avaient données sur Paris pour couvrir une partie de ce qu'on me devait ; mais les agents français au Mexique s'opposèrent, d'après les instructions qu'ils avaient reçues, qu'on me délivrât les traites de dix millions de francs, solde de ma transaction, malgré que j'en eusse parfaitement rempli les conditions et que le gouvernement mexicain était disposé à me payer, se trouvant avoir à Paris, à cette époque, plus de trente millions de francs.

Comme le gouvernement français avait déclaré dans les Chambres qu'il s'était opposé à l'exécution de ce contrat et qu'il s'était appliqué ce qu'on aurait dû me payer, je fus obligé, comme liquidateur de ma maison et après avoir épuisé les voies de conciliation, de lui intenter un procès devant le conseil d'État. Malheureusement, cette démarche n'a eu aucun résultat, car ce tribunal vient de se déclarer incompétent, d'après l'indication que m'en a faite le ministre des finances dans sa défense.

J'étais aussi un des plus forts indemnitaires mexicains. La commission mixte établie à Mexico m'avait reconnu une somme de six millions de francs environ, qui a été réduite par celle-ci à 500,000 francs à peu près. Je suis en instance pour la différence auprès du ministre des affaires étrangères, qui n'a pas encore daigné me répondre là-dessus. Mais à l'avance, je m'attends à la réponse négative que m'a donnée le ministre des finances pour l'affaire des Bons.

Quelques créanciers, voyant que je n'obtenais rien du gouvernement pour mes principales réclamations, ont mis saisie-arrêt à la Caisse des Dépôts et consignations sur ce que j'ai à recevoir de ces 500,000 francs, de sorte que je n'ai pu disposer que d'une faible somme pour les besoins pressants de ma maison.

Complètement ruiné par suite de l'expédition du Mexique, n'ayant plus rien à faire ici et ne pouvant rien y faire, je suis obligé de retourner là-bas pour rendre compte à mes créanciers de ma gestion.

Malgré que je n'aie rien négligé pour tâcher de payer la totalité de ce que je leur dois, comme je n'ai pu y parvenir par suite des circonstances extraordinaires qu'il m'a été impossible d'éviter, ils ne tiennent pas compte des sacrifices énormes que j'ai faits pour y arriver; et me traiteront sans considération aucune.

Ils voudront bien savoir le motif qui avait porté, en 1861, M. de Saligny, alors ministre au Mexique, à leur promettre au nom de la France qu'ils seraient payés de ce que ma maison leur devait et pourquoi, en 1863, cette protection extraordinaire m'a été si brusquement retirée par le gouvernement français.

Quoique, jusqu'à présent, j'aie gardé le plus grand secret sur cette affaire, malgré qu'on m'ait fortement engagé à la publier, je serai obligé de me défendre pour ne pas me voir jeté en prison pour dettes; je suis forcé de dire à mes créanciers ce qui s'est passé, en leur délivrant tout ce que j'ai là-dessus, qu'ils réclameront d'ailleurs comme appartenant à ma liquidation. Le gouvernement mexicain sera enchanté de faire connaître cette affaire à fond pour sa conduite ultérieure avec la France.

Je prévois bien l'effet qu'une confession semblable produira dans le public et le mauvais jour qu'elle jettera sur le gouvernement de l'Empereur, surtout dans les circonstances critiques où nous vivons; mais je ne puis l'éviter, à moins qu'on ne me facilite les moyens de faire une proposition à mes créanciers en les empêchant par ce moyen d'exiger que je leur rende compte de ma liquidation.

Cela me serait d'autant plus facile que, parmi les propriétés que le gouvernement mexicain n'a pu saisir, à cause de l'intervention de mes créanciers, qui ont réclamé comme appartenant à la liquidation de la maison, ce qui est ma propriété, elle possède encore des mines et des forges qu'elle n'a pu exploiter dernièrement à cause de la pénurie où elle se trouve, mais qui avec des fonds suffisants laisseraient de beaux bénéfices et seraient à même de couvrir ce qu'elle doit, surtout à présent qu'on vient de perfectionner en Allemagne des appareils à concentrer le minerai qui permettraient de réduire le pauvre qui est toujours très abondant, et d'en retirer des bénéfices qu'elles n'auraient pas pu donner autrefois, avec l'ancien système encore employé au Mexique.

Ne doutant pas que, dans l'intérêt que vous portez à l'Empereur, vous n'ayez l'obligeance de lui faire part de ces justes observations, je vous prie, monsieur, d'agréer l'assurance de ma considération distinguée.

J.-B. JECKER.

Nous ne voulons point ici remuer la fange de ce règne qui débuta par l'assassinat et finit par la honte (1).

(1) On nous saura gré certainement de reproduire les vers prophétiques de Victor Hugo; c'est le parallèle entre Napoléon Ier et son indigne neveu. Les œuvres du grand poète ont été si soigneusement séquestrées sous l'Empire que beaucoup de lecteurs liront cette poésie pour la première fois:

> Sa grandeur éblouit l'histoire.
> Quinze ans il fut
> Le dieu qui trainait la victoire
> Sur un affût :
> L'Europe sous sa loi guerrière
> Se débattit. —
> Toi, son singe, marche derrière,
> Petit, petit.
>
> Napoléon dans la bataille,
> Grave et serein,
> Guidait à travers la mitraille
> L'aigle d'airain.
> Il entra sur le pont d'Arcole,
> Il en sortit. —
> Voici de l'or, viens, pille et vole,
> Petit, petit.
>
> Berlin, Vienne étaient ses maîtresses;
> Il les forçait,
> Leste, et prenant les forteresses
> Par le corset
> Il triompha de cent bastilles
> Qu'il investit. —
> Voici pour lui, voici les filles,
> Petit, petit.
>
> Il passait les monts et les plaines,
> Tenant en main
> La palme, la foudre et les rênes
> Du genre humain

Il nous suffira d'envisager l'histoire de ces dernières années au simple point de vue des affaires d'Allemagne et des causes qui ont engendré la lutte actuelle avec la Prusse.

II

Les hommes politiques et les voyageurs sérieux, connaissent la haine héréditaire de la Prusse pour la France.

Ceux qui sont versés dans l'histoire intérieure de l'Allemagne et particulièrement de la maison des Hohenzollern, savent parfaitement que depuis 1806 (1) surtout, l'éducation des générations Allemandes a eu pour base le *pangermanisme* et comme conséquence *l'abaissement* de la France.

Depuis la bataille d'Iéna ; la Prusse n'a cessé un seul moment de rêver l'unité Allemande opérée à son profit. Les victoires récentes ont aveuglé les Allemands, qui ont sacrifié sur l'autel du *pangermanisme*, leurs justes défiances contre la Prusse. On peut dire que depuis cinquante ans la Prusse préparait les événements actuels.

Le fils de la reine Hortense, élevé dans les universités allemandes, n'ignorait point cette tendance des races teutoniques qui aspirent à prendre la direction de l'humanité entière.

On répondra, ce sont des utopies ; mais en attendant, on voit ce qu'un ministre aussi habile que peu scrupuleux, peut réaliser en abusant de ces aspirations des races germaniques.

Napoléon III, moins que personne, ne pouvait se laisser prendre aux conceptions et aux promesses du fallacieux M. de Bismark.

Quoiqu'il en soit, jusqu'en 1870, le gouvernement personnel de l'Empereur, loin d'avoir opposé le moindre obstacle aux empiétements de la Prusse, a semblé la favoriser (2).

Il était ivre de sa gloire
Qui retentit. —
Voici du sang, accours, viens boire.
Petit, petit.
Quand il tomba, lâchant le monde,
L'immense mer
Ouvrit à sa chute profonde
Le gouffre amer :
Il y plongea, sinistre archange,
Et s'engloutit. —
Toi, tu te noiras dans la fange,
Petit, petit.

Jersey, septembre 1853.

(1) Bataille d'Iéna, où la Prusse fut écrasée par Napoléon Ier.

(2) Pour être impartiaux, nous devons cependant noter les résistances du gouvernement français relativement au Luxembourg qui aboutirent en 1867 au traité de Londres, que la Prusse d'ailleurs n'admet plus aujourd'hui.

Cependant l'Empereur ne pouvait ignorer que si tout bon sujet des Hohenzollern suce, dès le berceau, la haine de la France, on lui apprend aussi a exécrer la race des Napoléon.

En 1859, à l'occasion de la guerre d'Italie, les ministres prussiens déclarèrent hautement, aux applaudissements unanimes de la Chambre, « que jamais un Prussien ne pourrait ouvrir son cœur à l'idée de marcher avec un Napoléon contre l'Autriche. (1) »

Sur les bords de la Sprée on se souvenait qu'avant de trôner au Palais des Tuileries, le prince Louis Napoléon, en 1839, avait publié un ouvrage, qui fit beaucoup de bruit : LES IDÉES NAPOLÉONIENNES.

A tort ou à raison les hommes d'Etat de la Prusse crûrent s'apercevoir, qu'après s'être emparé des rênes du pouvoir, le prince Louis Bonaparte s'appliquait activement à réaliser les théories développées dans ses œuvres :

Or LES IDÉES NAPOLÉONIENNES peuvent se résumer en quatre propositions principales ;

1° Une campagne en Italie, — 2° LA REPRISE DES FRONTIÈRES RHÉNANES, — 3° l'humiliation de l'Angleterre, — 4° campagne contre la Russie en Orient.

A la Chambre des députés de Berlin, comme dans les salons politiques de toute l'Allemagne, on était convaincu, malgré les déclarations emphatiques de Napoléon III, « que l'Empire n'était pas la paix. »

Un représentant prussien, M. Stalls, résumait ainsi, en 1860, l'opinion générale des Allemands :

« L'Empire c'est la conquête, il n'est pas l'ins-
» trument de la conservation, mais l'exécuteur
» testamentaira de la révolution ; seulement dans
» sa bouche la révolution se nomme civilisation. »

Et conséquents avec leurs déclarations, les ministres prussiens sacrifièrent toutes les réformes intérieures à la réforme et à la réorganisation de l'armée.

Quant au gouvernement français, préoccupé d'assurer l'existence de la dynastie, il cherchait par tous les moyens à tromper l'opinion publique, et à endormir la France dans la molesse et la prospérité matérielle.

Napoléon III caressait toujours avec un plaisir nouveau sa théorie des nationalités ; la Prusse agissait, avec prudence d'abord, enfin avec audace lorsqu'elle se sentit assez forte.

(1) A cette date, il est vrai, M. de Bismark n'avait point encore résolu l'abaissement de l'Autriche, du moins ce projet était subordonné à l'agrandissement de la Prusse au dépens de la Confédération germanique. En 1865 à Biarritz, lorsque l'Autriche interposa des obstacles à l'ambition prussienne. M. de Bismark n'hésita point à sacrifier la haine de la Prusse à ses intérêts, en proposant une alliance contre les Habsbourg.

Le gouvernement impérial des 1859 faisait solennellement déclarer par son organe officiel que l'attitude qu'il avait prise dans la question italienne, loin d'autoriser les défiances de l'esprit germanique, devait au contraire lui inspirer la plus grande sécurité.

LA FRANCE NE SAURAIT ATTAQUER EN ALLEMAGNE CE QU'ELLE VOUDRAIT SAUVEGARDER EN ITALIE, ce sont là les expressions qu'emploie le *Moniteur officiel*.

En Allemagne comme en Italie la politique de Napoléon III voulait « que les nationalités pussent se maintenir et même se fortifier. »

« REPRÉSENTER LA FRANCE COMME HOSTILE A LA NATIONALITÉ ALLEMANDE N'EST DONC PAS SEULEMENT UNE ERREUR, S'EST UN CONTRE-SENS, ajoute l'organe officiel.

« *La politique de la France ne saurait avoir deux poids et deux mesures ; elle pèse avec la même équité les intérêts de tous les peuples. Ce qu'elle veut faire respecter en Italie ,* ELLE SAURA LE RESPECTER EN ALLEMAGNE. *Ce n'est pas nous qui serions menacés par l'exemple d'une* ALLEMAGNE NATIONALE *qui concilierait son organisation fédérative avec les tendances unitaires , dont le principe a été posé déjà dans la grande union commerciale du Zollverein !* Tout ce qui développe dans tous les pays voisins les relations créées par le commerce, par l'industrie, par le progrès, profite à la civilisation et tout ce qui agrandit la civilisation élève la France. »

Dans la dépêche lue par le prince de la Tour d'Auvergne au comte Russell (30 janvier 1864) concernant le traité de Londres, nous devons relever les déclarations suivantes :

» *L'empereur a toujours été disposé à avoir de grands égards pour les sentiments et les aspirations des nationalités. Il est impossible de nier que le sentiment national et les aspirations des Allemands tendent vers une union plus étroite entre eux et les Allemands du Holstein et du Sleswig.*

» *L'empereur éprouverait de la répugnance pour tout moyen qui l'obligerait à s'opposer par les armes aux vœux des Allemands.*

» Le Sleswig et l'Angleterre sont bien loin l'un de l'autre. Mais *le sol de l'Allemagne touche au sol de la France* et UNE GUERRE ENTRE LA FRANCE ET L'ALLEMAGNE SERAIT LA PLUS CALAMITEUSE ET LA PLUS HASARDÉE QUE L'EMPIRE PUT ENGAGER. Outre ces considérations, l'Empereur ne peut pas s'empêcher de se rappeler qu'il a été rendu en Europe un objet de méfiance et de suspicion quant à SES PRÉTENDUS PROJETS D'AGRANDISSEMENT SUR LE RHIN. »

A l'ouverture de la session legislative de l'année 1865, après l'invasion des duchés du Sleswig

Holstein, voici comment s'exprimait relativement à la Prusse le discours impérial :

« En présence du conflit qui a surgi sur les » bords de la Baltique, mon gouvernement par- » tagé entre ses sympathies pour le Danemark et » son bon vouloir pour l'Allemagne a observé la » plus stricte neutralité. Appelé dans une confé- » rence, à émettre son avis, il s'est borné à faire » valoir le principe des nationalités et le droit » des populations d'être consultées sur leur sort. » Notre langage, conforme à l'attitude réservé » que nous entendions garder a été modéré et » amical envers les deux parties. »

Pouvait-on être plus aimable pour la politique prussienne ?

En 1866, le discours d'ouverture ne consacre que quelques lignes à la question allemande :

« A l'égard de l'Allemagne, dit l'Empereur, » MON INTENTION est de continuer à observer » une politique de neutralité, qui, sans nous » empêcher parfois de nous affliger ou de nous » rejouir, nous laisse cependant étrangers à des » questions où nos intérêts ne sont pas direc- » tement engagés. »

N'en déplaise à S. M. Impériale, qui avait des prétentions académiques, les lignes précédentes auraient pu être plus claires.

Si nous en avons bien saisi le sens, elles renferment une erreur historique des plus graves.

Un souverain français peut-il jamais soutenir « QUE LES INTÉRÊTS DE LA FRANCE NE SONT PAS DIRECTEMENT ENGAGÉS, lorsque, par le fait de la Prusse, la Confédération germanique est menacée de destruction. »

Et MM. de la majorité, et MM. les Sénateurs applaudissaient de telles paroles ! ! !

Et le même souverain osait impunément, après des déclarations de ce genre, répondre à l'adresse des députés (22 mars 1866) :

. . . .

« Il y a quinze ans, chef nominal de l'État, » sans pouvoir effectif, sans appui dans la Cham- » bre, j'osai, FORT DE MA CONSCIENCE et des suf- » frages qui m'avaient nommé, déclarer que la » France ne périrait pas dans mes mains.

» J'ai tenu parole (1).

» Depuis quinze ans la France se développe et » grandit. Ses hautes destinées s'accompliront (2). » Après nous nos fils continueront notre œuvre (3).

» J'en ai pour garants le concours des grands » Corps de l'Etat, le dévouement de l'armée, le » patriotisme de tous les bons citoyens, enfin ce

(1) A Sedan surtout ! ! !

(2) Ce sera sans les Bonaparte, nous l'espérons bien ! ! !

(3) Belle besogne, ma foi ! ! !

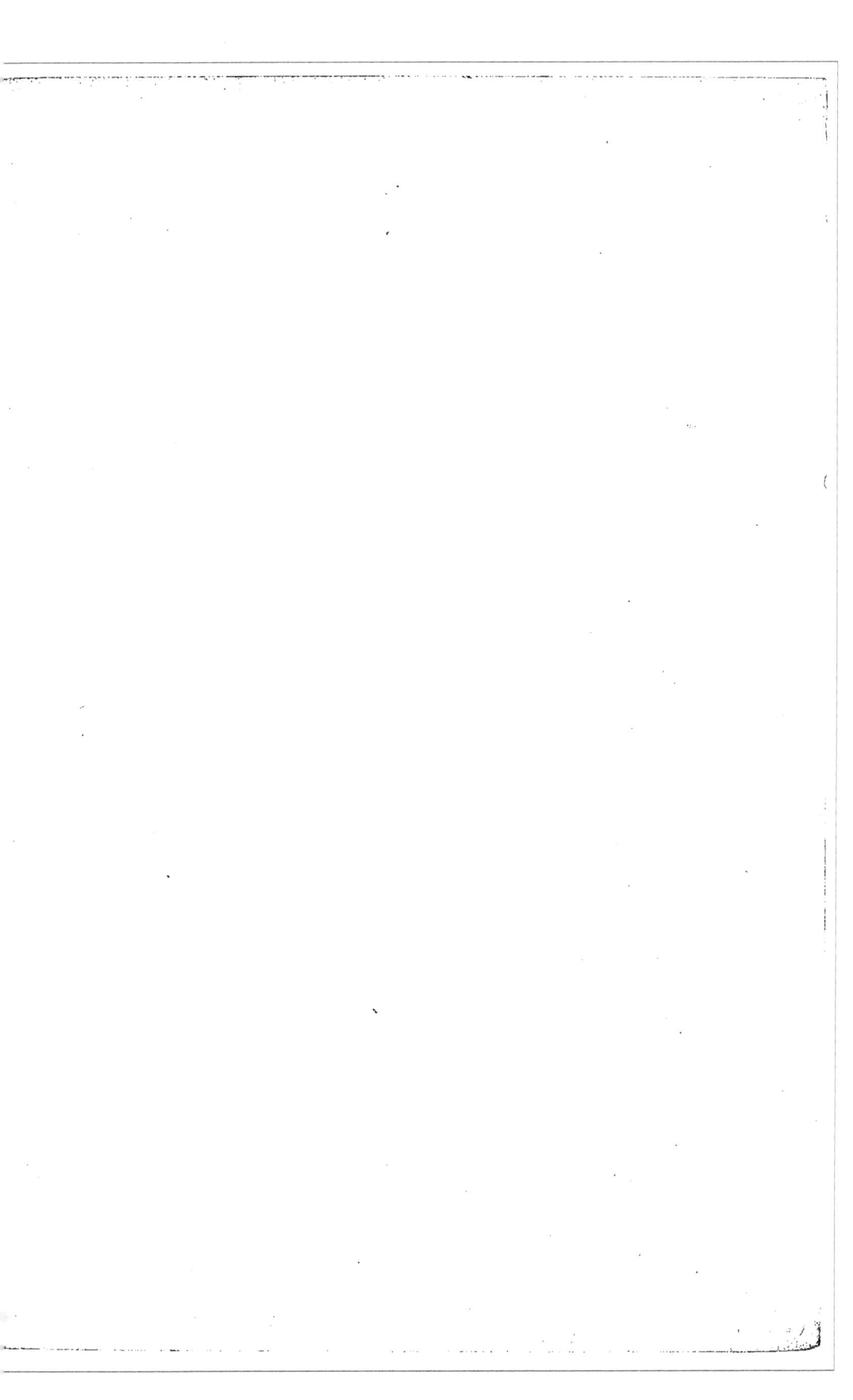

www.ingramcontent.com/pod-product-compliance
Lightning Source LLC
Chambersburg PA
CBHW070118300326
41934CB00035B/2899